Arno Udo Pfeiffer

Wer zu früh lacht ...

Pfiffige Schmunzelverse

Illustrationen
Arno Udo Pfeiffer

Impressum

1. Auflage
Satz und Druck: JUCO GmbH • www.jucogmbh.de
Titelillustrationen: Gero Hilliger
Illustrationen: Arno Udo Pfeiffer

© projekte verlag 188, Halle 2004 • www.projekte-verlag.de
ISBN 3-937027-52-1
Preis: 8,50 EURO

EINE ART VORWORT

DAS ORAKEL
oder
Wie mir als Kind geweissagt wurde, dass ich einmal Schriftsteller werden würde

Einst gingen Ma und Pa und ich spazieren
Um mich dabei nicht zu verlieren
Sprach Papa: „Komm her, du Sabberack!
Ich nehm' dich heute huckepack."
Ich ahnte schon bald das schlimme Zerwürfnis
Mich überkam ein dringendes Bedürfnis
Ich ließ es einfach laufen
Mirnichts dirnichts auf der Stelle
Eine schaurig-warme Welle
Überspülte Papas Rücken
Er hatte Glück, ich musst' nicht drücken
Der Papa schrie:
„Igitt und ih!
Der kleine Wicht
Ist ja nicht dicht!"
An diesem Tag und Orte
Sprach Mama jene Worte
Wie ein großer, weiser Richter:
„Keine Angst, der wird mal *DICHTER!*"

GUT GEMEINTE WARNUNG

Wenn unverhofft bei einer Feier
Lehmann, Schulze, Müller, Meier
Stöhnen, johlen, quängeln
Schuppsen, treten, drängeln
Und laut drohen zu gehn
Die Haare steif gen Himmel stehn
Soweit halt noch vorhanden
Wenn faule Früchte auf der Bühne landen
Wenn greise Damen frischweg hetzen
In Richtung Notausgänge wetzen
Wenn Knigges Buch am Boden liegt
Symbolisch kurz und klein getreten
Wenn Atheisten händeringend beten
Wenn blanker Schrecken lässt erbleichen
Sogar William Shakespeares tapf'ren Mohr ...

... dann liest einer *PFEIFFERs Verse* vor

FRAGLICHES

VERSTÄNDLICHER WUNSCH

Als die Menschen noch in Fellen
Mutig durch die Wälder wetzten
Und dort wilde Tiere hetzten
Und allem, was zwar wahrnehmbar
Doch ihnen nicht geheuer war
Mit Keulen konnten Beulen schlagen
War das Leben zu ertragen
Denk ich an meine Nachbarin
Diese nachts laut keifende Eule
Wünschte ich mir dann und wann
Damit ich besser schlafen kann
Auch so eine dicke, schwere ...
Fellmütze!

EINE FRAGE DER FINANZEN

Die kleine Lok hieß Hänschen Dampf
Und jedes Mal war es ein Krampf
Hänschen schnaubte, tobte, grollte
Wenn's aus seinem Schuppen sollte:
„Nicht mit mir! Lasst mich hier!
Ist mir Wurst. Ich habe Durst.
Löscht erst mal meinen Brand
Dann komm' ich in Gang."
Man holte schnell die Feuerwehr
Doch danach lief gar nichts mehr
Alles war verrostet
Was das wieder kostet!?

SCHERENSCHNITT

Schnipp-schnapp
Zerschnitt die Schere das Blatt
Nun liegt sie herum. Es ist unerhört
Sie hat die Scherengebrauchsanweisung zerstört

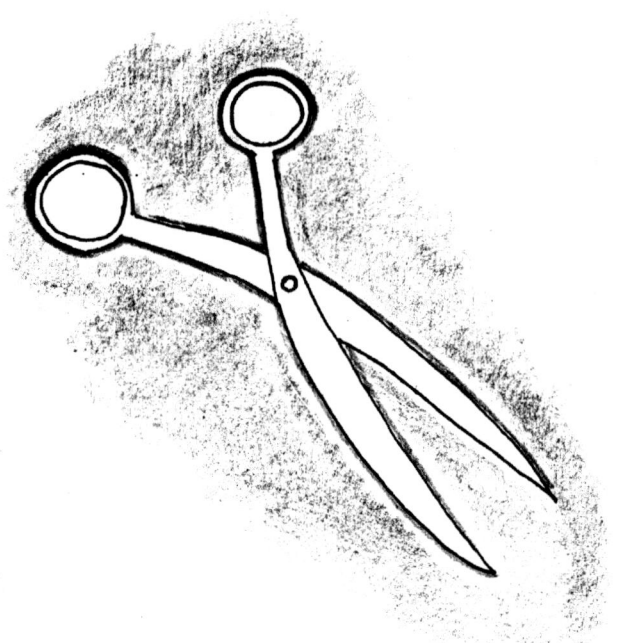

FRAGE NACH DEM APFELFUND

Frank Röhl war außer Rand und Band
Als er den grünen Apfel fand
Sein Magen war leer
Und quälte ihn sehr
Frank hat sich gebückt
Und die Frucht verdrückt
Was war daran verkehrt?
Der Apfel kam vom Pferd

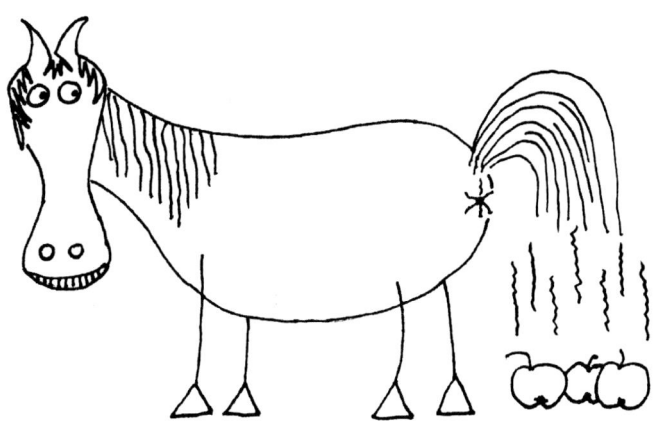

GEFÄHRLICHES

RECHTHABEREI

Hoch und heilig schwor er: Jede Wette
Das ist meine letzte Zigarette!
Er sog noch mal und fiel tot um
Recht zu haben ist manchmal dumm

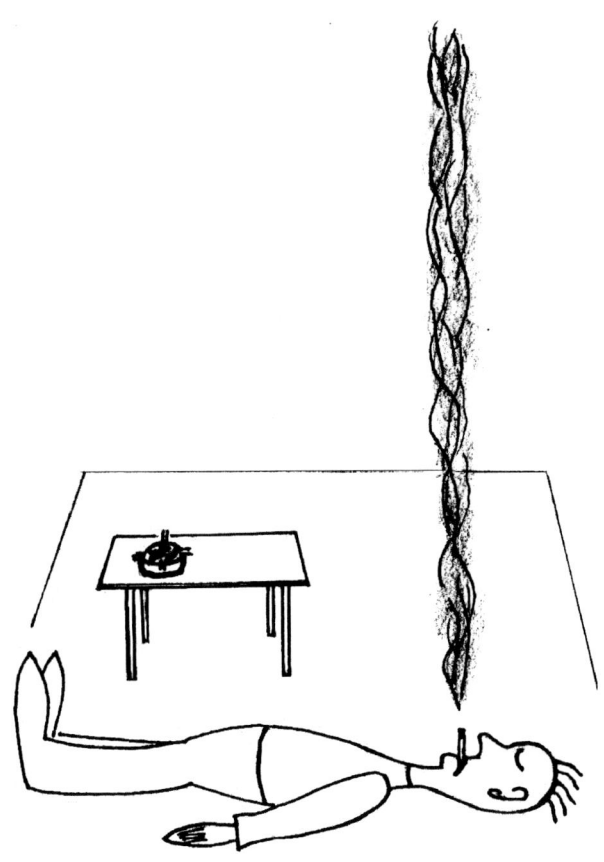

MISSVERSTÄNDNIS

Siegfried sprach zu Rudi Wiehle:
„Ich erkläre dir das Spiel der Spiele."
Rudi sagte: „Ach!"
„Dieses Spiel – man nennt es Schach.
Du die Figur, ich die Figur."
Rudi Wiehle staunte nur
Siegfried spielte mit Bravour
Schließlich hört' man Siggi sagen:
„Tut mir leid, ich muss dich schlagen!"
Rudi war fürwahr kein Heller
Doch mit der Faust ein bisschen schneller ...

ÜBERRASCHUNG

Auf dem Frühstückstische
Sich wälzend in warmer Margarine
Grübelte gelangweilt die gute Gesine
Eine frisch geschlüpfte Eintagsfliege
Wie sie flugs den Tag rumkriege
Da kam ihr gerade recht
Eine Zeitung entgegen
„Nicht schlecht."
Rief sie
„Ich lese Klatsch."
Das dumme Vieh
Es machte „Watsch!!!"
Andererseits: Welch' glückliche Wende
So rasch geh'n triste Tage zu Ende

EINE KLEINE SCHNIPSELEI

Die Frau schnitt ihrem müden Rüden
Das struppige Fell
Es war spät und nicht mehr sehr hell
Sie selbst war auch nicht sonderlich munter
Die Augenlider klappten ihr runter
Dabei geschah's!
Dieses Aas
Schnitt zuviel – gar in Scheibchen
Und
Hellwach schrie der Hund:
„Scheiß', jetzt bin ich ein Weibchen!"

HECHT RUPRECHT
KEIN WEIHNACHTSGEDICHT

Aus der Tiefe des Sees kam er her
Ich muss euch sagen, ihn hungerte sehr
In den weitesten Magenspitzen
Spürte er tausend Nadeln ritzen
Plötzlich von droben wie aus'm Himmelstor
Drang der Schrei eines Wurms an sein Ohr
„Hecht Ruprecht", rief er, „alter Gesell'
Hebe die Flossen und spute dich schnell
Ich fang' sonst noch zu faulen an
Dein Mittagsmahl ist aufgetan!"
Hecht Ruprecht dachte:
Blupp
Was für ein Braten!
Doch schwupp
Der hatte einen Haken ...
Nun liegt er wirklich mit leerem Magen
Um nicht zu sagen
Ganz und gar ohne
Auf einem Teller garniert mit Zitrone

ZWÖLF UHR MITTAGS
ODER
SPIEL'N WIR DAS LIED VOM TOD

Die Frau des Pfarrers schürzte kreischend den Rock
Nach sehr langem Wüstenritte
Standen auf der Straßenmitte
Wyatt Earp und sein Doc
Um jeden Moment blitzeschnelle
Die Colts zu ziehen im Duelle
Auf der andren Seite grimmigen Blicks
Die gefürchtete Gang von „Billy und Kids"
Sekunden kamen wie Stunden vor
Earpy kratzte sich lässig am Ohr
Der Billy war zu allem entschlossen
Dann wurde aus allen Rohren geschossen ...
Es spritzte das Blut
Über Hände und Wände
Über Hemden und Hüte
Du meine Güte!
Dracula wäre froh bei der Schau
Doch Moment... das Blut, es war blau!
Hatte man einen vom Adel getroffen?
Oder waren die Cowboys randvoll besoffen?
Oder kam es gar von den „blauen Bohnen"?
Nein!
Die Kinder schossen mit Tintenpatronen

ENDE EINES AGGRESSORS

Dreist sprach die Maus zur Katze:
„Hau ab oder ich kratze!"
Was tat die Katz'?
Schmatz-schmatz! Schmatz-schmatz!

Wer zu früh lacht ...

GEFÄHRLICHES LEBEN

Die Leute aus dem Nachbarhaus
Seh'n alle ziemlich mickrig aus
Jeder von ihnen ein armer Tropf
Tragen gleich auf den Schultern den Kopf
Das hat einen Grund, leider, leider:
Ihr Hauswirt ist ein Halsabschneider

EIN BROT IN NOT

„Ich lauf meilenweit für eine Semmel!"
Sprach in höchster Not
Ein hungriges Brot
Vom Ende des Reims recht überrascht
Wurde es schließlich selber vernascht

HOCHPROZENTIGES

MIT PAULCHEN IM „PUB"

Ich traf Paul im „Pub". Er flachste herum
Stets einen Spruch auf den Lippen:
„Komm schon, lass uns einen kippen!"
„Warum nicht", so ich. „Na, klar. Sei's drum."
Paul packte mich an und – kippte mich um

DER PLATTMACHER

Sind morgens in der halben Stadt
Plötzlich alle Autos platt
Und die Halter sehn's heulend-benommen
Hat Walzenfahrer Fritz
Nach 'ner Sauftour kein Taxi bekommen

FAST EIN KRIMINALFALL

Fahnenträger Waldemar
Gestern auf 'ner Sauftour war
Seither ist die Schützenflagge fort
Im Verein droht man mit Mord
Voll Kummer greift Waldi, der Lümmel
Zu 'nem Gläschen doppelten Kümmel
Und kippt es geschwinde
Gleich hinter die Binde
Was soll aus ihm werden – ohne Fahne?
Hicks! fällt ihm auf: Er hat wieder aane!

KLASSISCHES

OSTERS MEISTERLEHRGANG
(Sehr frei nach Goethes „Osterspaziergang")

Vom Strome befreit ist des Kochherds Fläche
Durch Meister Osters Ungeschick
Recht ratlos richtet sich sein Blick
Auf die Gebrauchsanleitung
Die sich komplizierter liest
Als 'ne Computerzeitung
Die scheint ihm keinen Cent zu taugen
Der Lehrling knipst die Lampen an
Dass Chefchen besser sehen kann
Was leuchten hell da Meisters Augen
Statt der Lichter an den Wänden
Er hält die blanken Leitungen
Knackig-knisternd in den Händen

KÖNIG KUNDE
(Sehr frei nach Goethes „Erlkönig")

Wer reitet so spät durch Nacht und Wind?
Es ist der Vater mit seinem Kind
Er hält den Knaben wohl in dem Arm
Doch innerlich schlägt es in ihm Alarm
Der Junge hat die Kopfhörer um
Aus denen dröhnt es:
„Wumm-wumm! Wumm-wumm!"
Der Vater verbirgt so bang sein Gesicht
Diesen Techno-Sound mag er wirklich nicht
Sogar das Pferd kommt an und ab
Bei dem Gehämmer aus dem Trab
„Oh, dieser Sound, der ist ein Graus
Mein lieber Sohn, komm, schalt ihn aus
Ich gebe dir
Auch Geld dafür!"
„Mein Vater, mein Vater
Und hörest du nicht ...?"
Plötzlich die Musik abbricht
Der Junge, die empörte Gestalt
Schüttelt den Walkman mit roher Gewalt
„Mein Vater, mein Vater, das Band ist gerissen.
Ich glaub' der Verkäufer – er hat uns beschissen!
Mein Vater, mein Vater ..."

Und das Pferd laut und wild wieh'rt
„... von wegen 'König Kunde'. Man hat uns an-
geschmiert!"
Dem Vater grauset's, er reitet geschwind
Er hält in den Armen das ächzende Kind
Er erreicht seinen Hof mit Mühe und Not
Und stellt fest: Nur die Batterien war'n tot

DER ZAUBERLEHRLING
(Auch sehr frei nach Goethe)

Zauberlehrling Kürtchen
Musste rasch auf's Örtchen
Doch:
Walle-walle
Lange Strecke
Dass zum Zwecke
Wasser fließe
Und in reichem, vollem Schwalle
Zur Erleicht'rung sich ergieße
Die Beine standen schon verquer
„Wie war doch bloß das Wort?"
So er
„Womit ich näher hol' den Ort?"
Kürtchen sagte: „Hokuspokus!"
Resultat: Weg war der Lokus
„Blöder Zauber", rief Kürtchen, der Lose
Oh! und Au-wei! Dann ging's in die Hose

Die Moral von der Geschicht':
Sei künftig nicht so'n Gernegroß
Geh' lieber etwas eher los

DER TAUCHER
(Frei nach Schiller)

DIE „VERGESSLICHE" VARIANTE

„Wer wagt es, Rittersmann oder Knapp'
Zu tauchen in diesen Schlund?"
Sprach das Edelfräulein Kunigund
„Ich!" rief Ritter Rigbert besessen
„Ich spring!" – Er wurde nie mehr erblickt
Kunigunde war geknickt
Zurück blieb nur sein Degen
Rigbert hatte glatt vergessen
Zuvor die Rüstung abzulegen

LOGISCHES

KLEINE HERBSTSCHWÄRMEREI

Ich lieb' den Herbst mit seinen Farben
Die Natur *fällt* in den Winterschlaf
Unverletzt. Ganz ohne Narben
Die Bäume zieh'n sich langsam aus
Der Striptease ist ein Augenschmaus
Die Hochgewächse lassen ihre Blätter fall´n
Und wo sie landen, ist's schön bunt
Nur wenn deine Schulter*blätter* runterknall´n
Ist das ziemlich ungesund

RÄTSEL MIT ZWINGENDER LOGIK

Auf der Mauer
Saß Herr Sauer
Säße er auf einem Stein
Wäre er Herr Klein
Läge er im Moos
Hieße er Herr Groß
Nun sag mir, ach
Wer liegt im Bach?
Herr Sauer!
Er fiel von der Mauer

LOGISCHE KONSEQUENZ

Seine Suppe, wirklich wahr
Isst Meister Lampe nie mit Löffeln
Prinzipiell ist es uns klar
Wenn wir uns etwas Leckeres schmoren
Essen wir's ja auch nicht mit den Ohren

DER LAUF DER DINGE

„Die Pferde laufen um Sekunden
Das Golfspiel läuft seit vielen Stunden
Schumis Rennen auch ganz gut
Über'n Platz läuft der Rekrut
Die Kicker laufen nach dem Balle
Und wenn die schöne, runde, dralle
Kati läuft die Schlittschuhkür ...
Alle int'ressier'n sich dafür
Wenn irgendwo was läuft",
Flucht sauer der Rainer
„Nur um meine Nase
Kümmert sich keiner!"

BLAU BLÜHT DER ENZIAN

Nach Heinos Stimme sind viele verrückt
Wenn er *singt*, verdreh'n sich Augen entzückt
Über die Rücken laufen wohlige Schauer
Bloß wenn's Thermometer *sinkt*, sind alle sauer
Ein Wettermann meint, bestimmt kein schlechter:
„Umgekehrt wär' die Sache gerechter!"

ENTENTEICH

„Alle meine Entchen schwimmen auf dem See ..."
Jeder kennt ja wohl das Lied und dieses Klischee
Aber es säh' ganz und gar nicht niedlich aus
Wär'n das volle „Enten" aus 'nem Krankenhaus

VERWECHSLUNG

Auf dem Hof steht eine Kuh
Das dumme Vieh macht nicht mal „Muh!"
Immerzu
nur „Tä-tä-rä-tääh!"
Ist 'ne Elefantenkuh
Hä-hä-hä-hääh!

NATÜRLICHE ERKLÄRUNG

Igel und Fuchs
Liefen zum Luchs
Und kauften sich Spee
Das ist kein Jux
Wirklich nich', nee
Und warum das nicht komisch ist?
Weil der Luchs der Walddrogist ist
Eijh!

MÄRCHENHAFTES

FRECHES MÄRCHEN

Hänsel und Gretel trieben im Wald
Was man halt
Dort so tut
Zuerst legte sie sich
Und er sodann
Sich darauf
Das weiß jedermann
Sie legten sich
mit der Hexe an
Der erste Schreck war also umsunst
In einem Märchen wird nicht ge-
flunkert

DORNRÖSCHEN.
EINE NEUFASSUNG

Mit dem Schwerte
„Ritsche-ratsch!" und „Surr!"
Schlug ein Prinz von stattlicher Statur
Eine wirklich renitente Hecke
Und brachte sie sehr bald zur Strecke
Ein Mann von Ehre. Sein Kopf voller Locken
Er war einfach nicht zu halten
Seit er hörte von 'nem Alten:
Hinterm Busch würd' eine Prinzessin hocken
Sie schliefe dort seit hundert Jahren
Außerdem hatte er erfahren:
Wer sie erlöste, allgemein hin bekannt
Für den wär' eine Gatten-Stelle vakant
Seither stand felsenfest sein Entschluss:
Ich wecke die Schöne mit einem Kuss!

Endlich beugte sich der Prinz zu ihr nieder
Im selben Moment erstarrten die Glieder
Der Dame fehlte ja jegliches Haar!
Die Haut schrumplig wie ein Bratapfel war!
Und unten so astdürre Beene
Oben im Mund gar keene Zähne

Oh, dieser Schreck, er saß so tief
Völlig entnervt der Prinz ausrief:
„Dieser alten Schabracke
Soll ich küssen die Backe?"
Er brummte wie ein Bärchen
Dieser Prinz mit der Locke:
„So'n bescheuertes Märchen!
Ich mach' lieber die Flocke ..."

DER FROSCHKÖNIG.
NOCH EINE NEUFASSUNG

Der Froschkönig sprach:
„Ich bin ein verwunsch'ner Prinz
Und Sie, mein Prinzesschen, sind's
Die mich mit einem Kuss erlösen kann."
Sie spitzte die Lippen und fing gleich an
Sie berührte seinen Mund
Da stand vor ihr ein Hund
Sie küsste seine Nase
Da hoppelte ein Hase
Dem küsste sie das Strubbelfell
Schon war ein Dromedar zu Stell'
Sie küsste seinen Hocker wirsch
Da röhrte laut ein flotter Hirsch
Sie küsste ihn auf das Geweih
In ihrer Hand zappelte 'n Hai
Sie berührte sein Schnäuzchen
In ihr Ohr schrie ein Käuzchen
Dem küsste sie die Kralle
Es wurde eine Qualle
Die küsst' sie mutig immer zu
Daraus entstand ein Känguru

Sie küsste auf den Po den Strolch
Da saß vor ihr ein LUST(ger) MOLCH
Den wollte sie partout nicht haben
Noch'n Kuss – da hatte sie 'nen Raben
Ein Kuss auf's Gefieder
Er wurde ein Tiger
Woher kam plötzlich dieser Geier?
Sie hatte geküsst seine ... Tatze!
Warum sich das nicht reimt?
Ich hab' das Gefühl
Wir wurden geleimt ...

VERFÜHRTES ROTKÄPPCHEN
EINE ANDERE MÄRCHENVERSION

Rotkäppchen ging vor Stunden in den Wald
Die Oma zu besuchen
In ihrem Korb: Drei Flaschen Wein
und einen Marmorkuchen
Die Eltern dachten notgedrungen:
Der Wolf hat sie nun doch verschlungen!
Sie machten sich auf in Omas Richtung
Und fanden den Wolf auf einer Lichtung
Im Arm die leeren Flaschen
War er bis oben zugeknallt
Und hat nur vor sich hin gelallt
Die Eltern entsetzt indessen:
Der hat unser Kind gefressen!
Doch ihre Göre war am Leben
Mama hörte sie betrunken motzen
Sie stand nur im Gebüsch daneben
Und musste offenbar bloß
... frische Luft schnappen

HÄNSEL UND GRETEL.
DIE GANZE WAHRHEIT

Wer da von Hänsel und Gretel meint
Die könnten kein Wässerchen trüben
Der scheint
Mir ganz schön falsch zu liegen
Sehen wir's mal unverhohlen:
Sie sind respektlose Rangen
Die alte Frauen „**verkohlen**"...

MUSIKALISCHES

DER VERKANNTE MUSIKANT
ERFOLGSSTORY MIT DISSONANZEN

Im Kiefernwald bei Dannigkow
Lebte Igel Mario
Wenn die Sonne früh um achte
Lustig in sein Laubhaus lachte
Packte Mario der Igel
Seine kleine feine Fiedel
Aus
Er setzte sie ans Kinn
Und war ganz hin-
Und hergerissen
Von den eig'nen Tonergüssen
Doch die Nachbarn
Also die, die auch dort lebten
Oh, die bebten
Nicht vor Freude, nein, vor Zorn
Denn ein Dorn
War Mario in ihren Augen
Nicht wegen seinem Stachelfell
Die Töne war'n 's, die schrecklich grell
Und jaulend aus der Geige krochen
Wie sie es nannten
Als tät' der edle Dackel van der Vanten
Seinen neuesten Knochenfund
Den andern Knochensuchern kund
Uhu, Wildschwein, Hirsch und Bär
Die beschwerten sich gar sehr
„Aus! Genug!", so sprach der Hirsch
Wie? Natürlich mächtig wirsch

Und das Wildschwein ganz gemein
Das gerad' 'ne Eichel kaute
Grunzte böse, Mario klaute
Ihnen allen hier die Ruh
Uhu stimmte nickend zu:
„Macht das Leben uns zur Qual
Aus dem Wald ein Jammertal
Dilettanten, so wie der
Die gehören hier nicht her
Nimm die Geige, scher dich fort!
Sonst geschieht ein Mord-
Malheur."
Bevor der Bär
Mario am Kragen packte
Und der Uhu nach ihm hackte
Nahm Mario der Igel
Der verkannte Musikant
Zuerst die Fiedel
Dann die Beine in die Hand
Und verließ das Kiefernland

Wie er nun stolperte und rannte
Und viel fiel
Auf dem Wege ins Exil
Kam ein Wanderer des Wegs und wandte
Sich an Igel Mario:
„Du solltest die Tiere beschämen.
Mach dich von dannen, geh nach Br(a)emen!
Dort gab es einst auch Getier
An der Zahl waren es vier:
Esel, Hund und Katz und Hahn
Heut gepackt von Größenwahn

Die machten Furore
Obwohl jedem Ohre
Das der Sound erreich(el)te
Der mitnichten schmeichelte
Die sind bloß 'in', weil sie Exoten
Ansonsten reine Klang-Idioten
Im Prinzip genau wie du
Drum sieh zu
Dass du Karriere machst
Als Star muss man nicht groß 'was können
Man darf nur nicht die Chance verpennen!"

Begeistert – mit „Holladrio"
Zog also Igel Mario
Genau dorthin
Schnurstracks und gerade
Heute ist er
In der Hitparade
Im Fernsehn und im Radio
Man hört ihn auch in Dannigkow

Dort hallt's über Wald und Feld:
„Uns verdankt er Ruhm und Geld!"
Und der Bär brummt sehr verbissen:
„Davon will er nichts mehr wissen."
Uhu pfeift: „Der reine Hohn
Undank ist der Welten Lohn."

SPRACHLICHES

ORTHOGRAPHISCHE KONSEQUENZ

Eine Pappel hatte einen Traum
Sie wär' so gern ein Apfelbaum
Dem Gärtner tat ihr Jammern weh
Er schnitt ihr ab das erste „**P**"

Wer zu früh lacht ...

RADEBRECHENDES WINTERERWACHEN

Alles weiß da draußen, schwärmt er, schau!
Ich weiß, sagt fliesenschrubbend seine Frau
Und er: Nein, du vom Putzen – rot!
Wärst du so weiß, wärst du ja tot

FAMILIÄRE SATZZEICHENLEHRE

Neulich drohte seine Walli:
Die Wohnung wäre zu streichen!!!
Drei dicke **Ausrufezeichen**
Insgesamt vier **Anführungsstriche**:
„Natürlich gehört dazu auch die Küche."
Er: „Könnte ich dem entweichen?"
Klitzekleines **Fragezeichen**
Es roch verdächtig nach Stunk
Punk(t)
Den **Bindestrich** wollt' er nicht sehn
Und lieber in die Kneipe geh'n
Da schrie hysterisch die Walli:
„**Komma** zurück! Aber dalli!"

TIERISCH LIEBLICHES

DER KUSCHELBÄR

Kommt Meister Petz des Abends heim
Dann freut er sich ganz ungemein
Sagt froh zu Frauchen: „Gell
Jetzt kraul'n wir uns das Fell!?"
Sie knurrt genervt: „Ach, Wuschel
Andauernd dein Gekuschel
Und immer zu nur Schmatzen …
Los, geh mir von der Pelle
Sonst werd' ich auf der Stelle
Dich mit meinen Tatzen kratzen!"
„Komm, sei nicht so", brummt er.
„Ich bin doch wohl dein Liebha**BÄR**."

GENESIS

Einst sprach die Henne zu ihrem Hahn
Er war bekannt als wilder Galan
„Ich rupf' mit dir ein Hühnchen!"
Er fing sofort sich zu entkleiden an
Im Stalle ging's hoch her. Auwei!
Und so entstand dein Sonntagsei

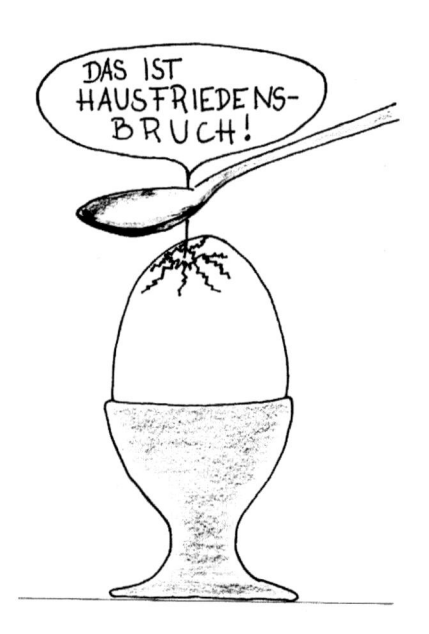

LIEBESKUMMER

Ein strammer Wal
Litt große Qual
Die Frau seiner Wahl
War eine Qual-
le

LIEBESERKLÄRUNG
EINES ELEFANTEN

„Seit ich dich kenne", säuselt er
„Ist mein Leben viel schöner und bunter
Glaub' mir doch, ich steh auf dich!"
„Ich merk's", ächzt die Maus
„Bitte, geh' wieder runter ...!"

KATZENJAMMER

Mama Mauz, die erotische Katze
Schnurrt verführerisch auf der Matratze
Papa Mauz will nichts von wissen
Drückt den Kopf nur tief ins Kissen
Mama Mauz, sonst eine Perle
Klagt der Tochter: „Diese Kerle!
Nun schau ihn dir an, deinen müden Vater!"
Und die: „Vielleicht hat er bloß einen Kater?"
Die Mutter nur noch leicht betroffen:
„Und ich dacht' schon, er ist besoffen."

LEBENSGEMEINSCHAFTSKONFLIKT

Seit Jahren teilen sie sich Haus und Hof
Seit Jahren finden sich die beiden doof
Und keiner kennt dafür den Grund
Sie beschimpft ihn nur:
„Du bist und bleibst'n blöder Hund!"
Er keift prompt retour
Wie sie es tut ganz genau:
„Halt die Schnauze, dumme Sau!
Kümm're dich um deinen Mist!"
Es geht eben richtig rund
Wenn so gar kein Auskomm'n ist
Zwischen Schwein und einem Hund

UNVERHOFFT KOMMT MANCHMAL

Die Sperlinge Heiner und Brigitte
Trafen sich vor kurzem in der Mitte
Vom berühmten Wenzelsplatz
Heiner grüßte: „Hallo, Spatz!"
Doch – batz! Bekam er Prügel
Von Gittis rechtem Flügel
Heiner schimpfte: „Wieso? Warum?"
Sag, bitte schön, weshalb das ihm?
Brigitte dreht' sich trotzig um
„Dein Gruß war etwas zu intim!"

DIE ZWECKENTFREMDUNG
ODER STRAFE MUSS SEIN

Marie, diese flotte Motte
War verliebt in Mücke Hotte
Marie war sich sicher, er würd' sie auch anbeten
Jetzt weiß sie, er war nur scharf auf ihre Moneten
Und vom Ei tatsächlich nicht das Gelbe
Zerbrochen war ihr Traum vom Glücke
Hotte war eine Gigolo-Mücke
Bloßgestellt, wollt' er machen dieselbe
Fuchtig, stinksauer und wutentbrannt
Holte Marie aus dem Kleiderschrank
Eine Mottenkugel, die für sie gedacht
Und hat ihn damit platt gemacht

DER ALBTRAUM

Es war Nacht
Doch Roland das Schaf
Kam nicht in den Schlaf
Er zählte jeden seiner Herde
Auf dass er endlich schläfrig werde
O weh, o weh und ach!
Plötzlich war er hellwach
Es fehlte sein bester Freund Rolf
Verspeiste ihn etwa der Wolf?
Mitnichten. Was für ein Glück!
Da kam der Rolf vom Pullern zurück

DIE ERFÜLLUNG

Eine süße, kleine Raupe
Erklärte dem Specht ihre Liebe
Das weckte in dem Burschen
Heiße, hemmungslose Triebe
Er versprach: „Ich vernasche dich
Mit Haut und Haar!"
Und machte es wahr

ÜBLE BESCHIMPFUNG

Herr Ziesel ist ein Stiesel
Bei Frau Milbe ist's dassilbe
Der Herr Hummer ist noch schlummer
Fräulein Schwein ist so gemein
Und der Herr Barsch?
Das ist ein ...
... netter!

LÖWE UND MAUS

Sie krabbelte um ihn herum
Er ignorierte sie nur stumm
Sie piepste sauer: „Typisch Mann!
Bemerkt mich nur dann, wenn er kann."
„So wie jetzt!", brüllte der Löwe
Er packte die Maus
und zog sie nackt aus
Sie strampelte munter ...
Er – schluckte sie runter

TOURISTISCHES

ANKUNFT MIT BÖSEM ERWACHEN
EIN REISEGEDICHT

Die Ankömmlinge traten ins Quartier
Flugs flüchtete manch Kleingetier
Viele von denen konnten echt gut saugen
Den Neuen standen Tränen in den Augen
Die Wände beschmiert mit beknackten Sprüchen
Im Klo eine Wolke aus üblen Gerüchen
Außerdem war's bis obenhin voll
Der Blick nach draußen war auch nicht so doll
Das Haus gegenüber warf dunkle Schatten
Im Hof tummelten sich piepsende Ratten
Die beiden Männer empört analog:
„Das las sich ganz anders im Katalog!"
Der Portier wies gelassen mit stolzer Miene
In Richtung Fenster auf die steife Gardine
Und geriet ins Schwärmen beim Reden:
„Beste Qualität! Made in Schweden."
Sein Gesichtsausdruck wurde jählings härter ...
„Ich heiße Bollmann und bin euer Wärter."

DER AUSFLUG

Auf einer Stromesschnelle
Schwamm ein Holzboot, gelle
Auf die Wasserfälle gab's nicht acht
Das hat vielleicht gekracht!

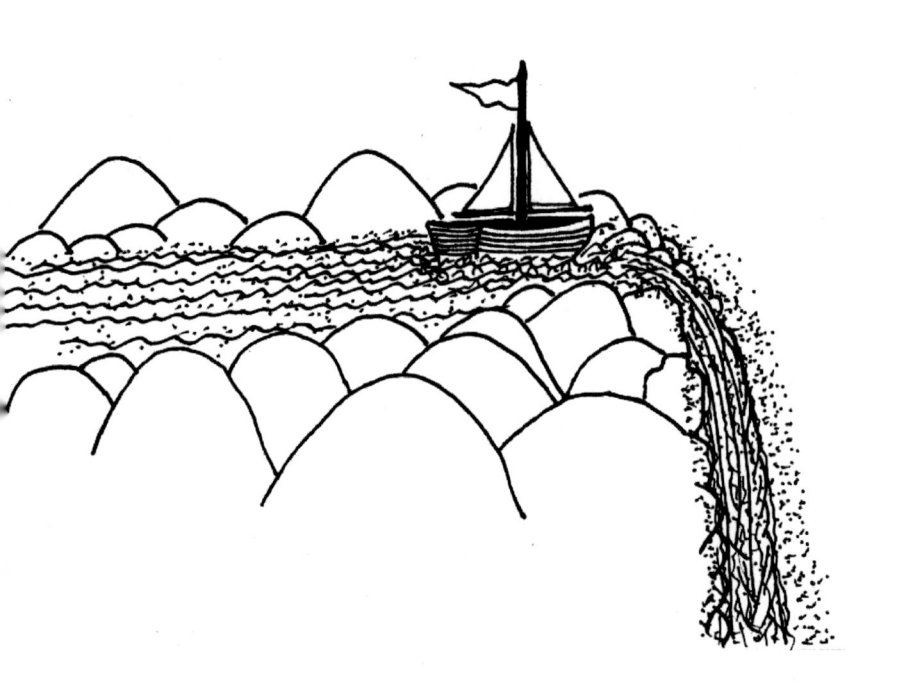

ENDE EINER URLAUBSREISE

Um im Juli auf Rügen zu campen
Wählte Martin als Reise das Trampen
Ihn nahm mit ein gewisser Herr Unger
Bald bekam Martin mächtigen Hunger
Also stach er in des Fahrers Arm
Das Blut floss reichlich. Das Blut floss warm
Herr Unger sah rot
Und schlug Martin tot
Das sei eine Lehre aus des Alltags Tücke:
Vermeide das Trampen als hungrige Mücke

FORTSETZUNG FOLGT...

Ein ganz junger Regenwurm
Kam in einen schlimmen Sturm
Ängstlich kroch
Er in ein Loch
Nun ist er wieder heiter
Kommt er hervor, erzähl' ich weiter ...

ROBINSON UND FREITAG

Weitab von der Welt
Auf einem Atoll
Lebte Robinson
Und ackerte doll
Täglich zwölf Stunden
Geschickt und behände
Er freute sich auf Freitag
Denn danach – war Wochenende

UNGLÜCKLICHES

DIE ENTDECKUNG DER THERMALQUELLE

An der Quelle
Saß der Knabe
Schlürfte durstig-schnelle
Literweise Wasser
Dass es ihn erlabe
Anfangs machte er sich 'ne Rübe
Das Wasser war doch ziemlich trübe
Und plötzlich wurd' es sogar warm
Der Knabe schrie: „Alarm! Alarm!
Ich hab' was entdeckt! Die Sensation!"
Quatsch. War bloß die Kanalisation

DER VERFLOSSENE

Ein Kachelofen
Der wollte schwofen
Er bat den Schneemann zum Tanz
Doch es war Winter und jeder weiß:
In dieser Zeit sind Öfen sehr heiß

TRAGISCH UND UNERWARTET

Ein Ziegel flog vom Dache
Mit viel Gekrache
Als er sah
Dass er geborsten
Auf dem Gehweg lag
Traf ihn der Schlag

FALSCHE ERWARTUNG

Der junge Ferdinand Räth
Traf sich zu einem „Blind date"
Dort im „Tanzcafé Wachzig"
Zu einem Schwof
Die Frau war über achtzig
Das war ja doof

SCHIFF AHOI!

Am Ufer johlten viele Leute:
„Juchhe!" Denn vom Stapel lief heute
Ein Dampfer namens „GLUCK AUF"
Die beiden Ü-Striche wurden vergessen
Man war dort auf schnellen Einsatz versessen
Kurz darauf lief jenes Schiff
Polternd-ächzend auf ein Riff
Lässig-souverän
Schrieb der Kapitän
Ganz schnell noch drunter:
„Schiff GLUCK-ert unter!"

AUF DES MESSERS SCHNEIDE
EINE SCHICKSALSGESCHICHTE

Die Frau – oh! – weinte bitterlich
Es war zum Steinekochen
Die Kinder, schon ganz bleich vor Schreck
War'n unters Bett gekrochen
Außerdem wär' zu erwähnen
Die Frau heulte dicke Tränen
Sie schluchzte, während Papa schrie:
„Zu alt für mich!"
Fast stürzte sie
„Ich hol' mir was, das wird viel besser!"
Rief der Mann
Mama starrte wütend ihn und dann
Das Küchenmesser an
Papa gab den Kindern einen Kuss
Rief unbeirrt: „Vorbei und Schluss!
Und tschüss. Adé
Mein Schatz, ich geh'
Und kauf uns eine neue
Zwiebelschneidemaschi-né!"

AUSSICHT AUF STERNE

Koch Willi hätte sie gerne:
Für sein Wirtshaus ein paar Sterne
Als unerkannt eintrifft ein Tester
Erhält der vom Vortag die Rester
Der Mann empört sich lautstark darüber
Und haut dem Willi kräftig eins über
Koch Willi, am Boden, ihm kleinlaut entweicht:
„Für'n Anfang da hätt' mir auch ein Stern gereicht!"

VIERRÄDRIGES

VOR DEN KOPF GESTOSSEN

„Ta-tü-ta-ta!"
Schrie die Feuerwehr nicht faul
„Hast ein ganz schön großes Maul!"
Verscheuchte sie Rolf der Golf
Er hatte die Lage verkannt
Ist samt Garage abgebrannt

WER ZU FRÜH LACHT ...

Auf der Kreuzung standen verkeilt
Ein Manta und ein Opel Kadette
Sie stritten, wer Vorfahrt gehabt hätte
Da kam als lachender Dritter – ein Renault
Der hupte und kicherte schadenfroh
Doch, oh
Zu lange
Nun hat er selbst 'ne verbeulte Stoßstange

WEIHNACHTLICHES und SILVESTRIGES

GESCHICHTE VOM SILVESTER-HERING

Ich nehme keinen auf den Arm:
War einmal ein Heringsschwarm
Der verguckte sich in eine Scholle
Wie die sich bewegte, war das Dolle
Ihr'n Körper wollten die Jungs erkunden
Doch vor Liebe blind
Sie allesamt sind
In einem Netz verschwunden
Das Fischerboot hieß „Yassir Arafat"
Und jetzt haben wir den (Herings-)Salat!

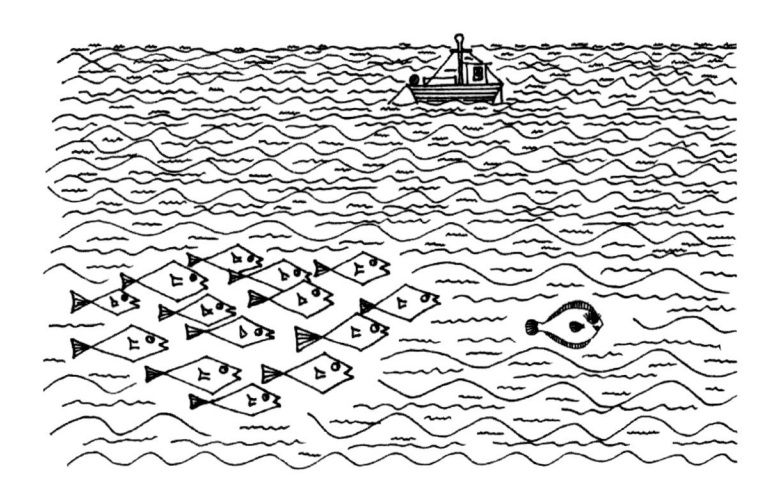

IMMER NUR ZUR WEIHNACHTSZEIT

Ist sie nicht herrlich die leuchtende Pracht
Wenn man alle Jahr' zur Heil'gen Nacht
Die vielen knisternden Kerzlein anmacht?
Der Christbaum brennt hell und lichterloh!
Doch schließlich ist es jedes Mal so:
Hat die Feuerwehr ihr Werk vollbracht
Bin ich auch ganz froh

NEHMT RÜCKSICHT AUF DIE ALTEN!

Der keckste Bub begreift es irgendwann:
Beschimpfe nie den Weihnachtsmann
Warum – kann sich wohl jeder denken
Denn sonst ist's Essig mit Geschenken

SILVESTER. HALB SO GEFÄHRLICH

Was knallt so spät durch Nacht und Wind?
Es sind die Böller von einem Kind
Wer gröhlt da, als wär' er besoffen?
Der Papa – er wurde getroffen
Wo? Am Po
Oh, weh und ach!
Vom Fuße des Nachbarn
Ihn störte der Krach

WUNDERBARES

UNERWARTETE HAUSHALTSHILFE

Der alte Mann war lange traurig
Die Wohnungsfenster waren schaurig
Schmutzig anzuseh'n
Er konnte nie zum Spielplatz späh'n
Krachend flog ein Ball ins Zimmer
Jetzt sieht er den Spielplatz immer!

ENDLICH

Sein Haar, es lag mal Luv, mal Lee
Es war zum Haarausreißen
Der Frisör riet: „Nehm'se Spray!"
Er tat, wie ihm geheißen
Seitdem liegt es ganz wunderbar
Sein aller ... allerletztes Haar

PASSENDE PLATTHEIT

Heinz, der Dorfschmied, er war kein Greis
Nein, ein Kerl wie ein Baum, ein strammer
Das Eisen zu formen, solang es noch heiß
Schwang er entsprechend den Hammer

Knapp er verfehlte die eiserne Sohle
Von Fury, dem wiehernden Ross
Und trotz der Gesellen frechem Gejohle
Traf er ja doch was auf seinem Amboss

Der Erfolg war also mitnichten gering
Nur breit war jetzt sein goldener Ring
Was Bertha, die Braut, da gezetert hat
Ihr Zeichen der Liebe – verbogen und platt!

Doch Heinz ganz ruhig
Darauf ein, das ging er:
„Ich hab doch dazu
Den passenden Finger!"

BIOGRAPHISCHES

ARNO UDO PFEIFFER

wurde am 14. Juni 1952
in Gommern bei Magdeburg geboren.

- Berufsausbildung mit Abitur in Magdeburg
- Arbeit als Kellner
- Studium Germanistik und Geschichte in Potsdam
- Lehrer in Magdeburg
- Fernstudium am Literaturinstitut in Leipzig
- Fachschullehrer für Ästhetik und Literatur in Staßfurt
- Wissenschaftlicher Assistent in der Arbeitsgruppe Kulturtheorie/Ästhetik an der TU Magdeburg

- freier Hörfunkmoderator
  bei MDR 1 Radio Sachsen-Anhalt
  sowie Kinokritiker für das MDR-Fernsehen

A. U. Pfeiffer veröffentlichte Erzählungen, Gedichte und Impressionen in verschiedenen Zeitschriften und Anthologien.

INHALTLICHES

EINE ART VORWORT
Das Orakel 7
Gut gemeinte Warnung 8

FRAGLICHES
Verständlicher Wunsch 10
Eine Frage der Finanzen 11
Scherenschnitt 12
Frage nach dem Apfelfund 13

GEFÄHRLICHES
Rechthaberei 17
Missverständnis 18
Überraschung 19
Eine kleine Schnipselei 20
Hecht Ruprecht 21
Zwölf Uhr mittags 22
Ende eines Aggressors 23
Gefährliches Leben 24
Ein Brot in Not 25

HOCHPROZENTIGES
Mit Paulchen im „Pub" 29
Der Plattmacher 29
Fast ein Kriminalfall 30

KLASSISCHES
Osters Meisterlehrgang 33
König Kunde 34
Der Zauberlehrling 36
Der Taucher 38

LOGISCHES
Kleine Herbstschwärmerei 41
Rätsel mit zwingender Logik 42
Logische Konsequenz 42
Der Lauf der Dinge 43
Blau blüht der Enzian 44
Ententeich 44
Verwechslung 45
Natürliche Erklärung 45

MÄRCHENHAFTES

Freches Märchen	49
Dornröschen. Eine Neufassung	50
Der Froschkönig. Noch eine Neufassung	52
Verführtes Rotkäppchen. Eine andere Märchenversion	54
Hänsel und Gretel. Die ganze Wahrheit	55

MUSIKALISCHES

Der verkannte Musikant	59

SPRACHLICHES

Orthographische Konsequenz	65
Radebrechendes Wintererwachen	66
Familiäre Satzzeichenlehre	67

TIERISCH LIEBLICHES

Der Kuschelbär	71
Genesis	72
Liebeskummer	73
Liebeserklärung eines Elefanten	73
Katzenjammer	74
Lebensgemeinschaftskonflikt	75
Unverhofft kommt manchmal	76
Die Zweckentfremdung	77
Der Albtraum	78
Die Erfüllung	79
Üble Beschimpfung	79
Löwe und Maus	80

TOURISTISCHES

Ankunft mit bösem Erwachen	83
Der Ausflug	84
Ende einer Urlaubsreise	85
Fortsetzung folgt	86
Robinson und Freitag	86

UNGLÜCKLICHES
Die Entdeckung einer Thermalquelle 89
Der Verflossene 90
Tragisch und unerwartet 90
Falsche Erwartung 91
Schiff ahoi! 92
Auf des Messers Schneide 93
Aussicht auf Sterne 94

VIERRÄDRIGES
Vor den Kopf gestoßen 97
Wer zu früh lacht 97

WEIHNACHTLICHES und SILVESTRIGES
Geschichte vom Silvester-Hering 101
Immer nur zur Weihnachtszeit 102
Nehmt Rücksicht auf die Alten 103
Silvester. Halb so gefährlich 104

WUNDERBARES
Unerwartete Haushaltshilfe 107
Endlich 108
Passende Plattheit 109

BIOGRAPHISCHES 113

Titel, die seit der Frankfurter Buchmesse 2003 erschienen sind

Chroniken

Vergessene Zeitzeugen der halleschen Stadtgeschichte
Siegfried Schroeder — ISBN 3-937027-37-8 — 15,90 €

Erzählungen

Pauls Zustand
Horst Prosch — ISBN 3-937027-55-6 — 14,80 €

Till Eulenspiegel – 66 gesammelte historische Geschichten
Hans-Jürgen Thomann — ISBN 3-937027-45-9 — 14,80 €

Tinte, Tod und tausend Tränen
Erhard Wenzel — ISBN 3-937027-48-3 — 9,90 €

Impressionen Japan/Tokyo
Rudolf Hufenbach — ISBN 3-937027-34-3 — 8,50 €

Gefangen im blühenden Leben
Angelika Reinsch — ISBN 3-937027-49-1 — 7,50 €

Fantasie

Rettung der MIR
Hans-Jürgen Frank — ISBN 3-937027-33-5 — 14,50 €

Kinderliteratur

Auf der anderen Seite des Walls
Reinhardt O. Hahn — ISBN 3-937027-31-9 — 5,00 €

Die Fee Franz und noch andere Wunder
Konrad Potthoff — ISBN 3-937027-30-0 — 3,90 €

Schmetterling Jimmy und das Tal der Rosen
Peggy Theuerkorn — ISBN 3-937027-51-3 — 10,80 €

Die abenteuerliche Auswanderung
Jan De Piere — ISBN 3-937027-21-1 — 9,95 €

Kriminalromane

Ein Toter spricht sich aus oder Alles, was verboten war
Karlheinz Klimt — ISBN 3-937027-42-4 — 14,80 €

Das Geheimnis der Villa Cortese
Wolfgang Mogler — ISBN 3-937027-41-6 — 12,80 €

Titel, die seit der Frankfurter Buchmesse 2003 erschienen sind

Kurzgeschichten

Bilder des Blickes
Thomas Gechter　　　　　ISBN 3-937027-43-6　　　9,80 €

Lyrik

Wer zu früh lacht ...
Arno Udo Pfeiffer　　　　ISBN 3-937027-52-1　　　8,50 €

Den Zustand ändern
Hannelore Schuh　　　　ISBN 3-937027-50-5　　　6,80 €

Letzter Sommertag
Wolfram Kristian Meitz　　ISBN 3-937027-44-0　　　7,50 €

Romane

Aus Liebe zum Volk
Reinhardt O. Hahn　　　　ISBN 3-931950-36-0　　　9,80 €

Die Leipziger Protokolle
Reinhard Bernhof　　　　ISBN 3-937027-38-6　　　14,50 €

Zwischen Pflicht und Menschlichkeit
Ingrid Böttger　　　　　　ISBN 3-937027-56-4　　　11,50 €

Sachbuch

Aus Flandern in die Mark
Susanne Wölfle Fischer　　　　　　　　　　　　　　12,50 €

„... mein Traum vom Glück war groß und tief" – Der „Brasilianer" aus Danstedt
Alfred Bartsch / Paul D. Bartsch　ISBN 3-937027-16-5　10,00 €

Mein Gedicht ist mein Bericht
Angelika Arend　　　　　ISBN 3-937027-15-7　　　17,00 €

Zeitzeugen-Berichte

Diagnose: Borderline-Persönlichkeitsstörung
Angelika Johanna Lazara　ISBN 3-937027-32-7　　　9,80 €

Im Krieg und danach
Edith Lux　　　　　　　　ISBN 3-937027-54-8　　　24,50 €

Das 20. Jahrhundert
Werner Gratz　　　　　　ISBN 3-937027-26-2　　　16,35 €